# ✔ まずは自分の服装点検
## ➡ 服装・保

パトロールを行う前に自分自身の服装や保護具のチェックをしましょう。
身だしなみが乱れていては、危険なばかりではなく、パトロールをする
資格を問われてしまいます。

### 「服装・保護具」のチェック項目例

□ 体に合った作業服を着ているか
□ 作業服のボタンがとれたり、かけないままになっていないか
□ 袖やズボンのすそが巻き込まれるおそれはないか
□ 破れていたり、ほつれていないか
□ 油などで汚れていないか
□ はき物は、すべりやすくないか、靴ひもが切れかかっていないか
□ 必要な保護具を正しく着用しているか、携行しているか
□ 保護具は体に合っているか、損傷はないか

# → 「はさまれ・巻き込まれ」の危険

機械設備の回転部分などは、覆いや囲いなどでこれらの危険部分への接触を防ぐことが必要です。また、危険部分にからだが近づくと自動的に動きが止まる機能を備えた機械もあります。これらの安全防護物に不備はないか、有効に機能しているかをしっかりチェックしましょう。また、危険部分への接触のおそれのある誤った行動も重要なチェック項目です。

## 「安全防護物」のチェック項目例

- ☐ 機械の回転部分に覆いが設けてあるか、勝手にはずしていないか
- ☐ 加工物や切粉の飛来を防ぐ覆いが設けてあるか
- ☐ 覆いの隙間や裏側から、指や手などが危険部分に届かないか
- ☐ 覆いにガタつきはないか、たやすく外せる構造になっていないか
- ☐ プレスなどに設置されている安全防護物を無効にしていないか
- ☐ 覆いや囲いなどの安全防護物に、鋭利な端部などの危険部はないか。また、安全防護物に可動部がある場合、そこに指などをはさまれるおそれはないか

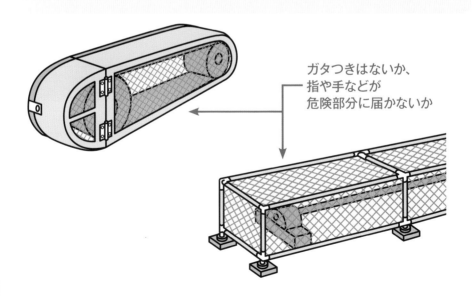

ガタつきはないか、
指や手などが
危険部分に届かないか

- ☐ 作業服が巻き込まれるおそれはないか
- ☐ 決められた保護具を適切に着装して作業しているか
- ☐ 騒音のひどい作業場では遮音板の設置のほか、耳栓等の保護具の着用を適切に行っているか
- ☐ 切粉を取り除くときなど、危険箇所に接近して作業するとき、手かぎなどの治具を使って安全な距離を保っているか
- ☐ 機械の清掃、調整などでは、機械を止めて作業を行っているか
- ☐ トラブル処理のため機械を止めているときなど、「起動禁止」などの表示が掲げられているか
- ☐ ボール盤やフライス盤など刃部が回転する機械を、手袋をしたままで操作していないか

点検中
起動禁止

※ボール盤やフライス盤
　は手袋禁止

# ➡ 溶剤の取り扱い

塗装作業などさまざまな職場で使われる溶剤は、使い方を誤ると、意識を失ったり神経麻痺などの健康障害に陥る危険のほか、引火による爆発や火災発生のおそれもあります。正しい使い方をしているか、しっかりチェックしましょう。

## 「溶剤の取り扱い」のチェック項目例

- ☐ 溶剤や塗料の入っている容器のフタが、開けっ放しになっていないか
- ☐ 決められた保護具（防毒マスク、保護手袋など）が使われているか
- ☐ 火気の近くで使用していないか
- ☐ 溶剤で手を洗っていないか
- ☐ 溶剤の染み込んだ布などは、フタのある容器に収納しているか
- ☐ 容器や用具を決められた場所に保管しているか
- ☐ 局所排気装置を使用するなど、適切に換気されているか

※しっかりフタをする

## ✓ よく見てみよう　物の持ち方・運び方
# ➡ 運搬作業

自動化が進んで、職場から人力による運搬作業が減りつつあります。
しかし、運搬機械（車両）が使えない機械と機械との間などでの原材料、
加工品などの運搬には、人の力によるものが多く見られます。
運搬作業には、腰痛のほか、転倒、荷崩れによるケガなどいろいろな
危険が潜んでいます。

### 「運搬作業」のチェック項目例

- ☐ 床に置かれた物を持ち上げるとき、荷に近づき、腰を下ろして持ち上げているか
- ☐ 両腕に平均に力がかかる持ち方をしているか
- ☐ 重すぎる荷を持って、体に負担がかかっていないか
- ☐ 一度に運ぶ荷の量が多すぎないか
- ☐ 運搬経路が散らかっていないか
- ☐ 台車などを使うとき、転がりやすいもの、
  倒れやすいものが落ちないように固定しているか

# ☑ 行き届いているか　整理・整頓

# → 通路や物の置き方

仕事を安全に、効率よく進めていくには、整理、整頓を欠かすことはできません。

通路や床の状態、材料や工具などの物の置き方など、整理、整頓の状況も忘れずにチェックしましょう。

## 「通路・床」のチェック項目例

- ☐ 通路にはみ出して、材料や廃品などが置かれていないか
- ☐ 床材がはがれていないか
- ☐ コードが這っていないか
- ☐ 頭上に障害物はないか
- ☐ デコボコや段差はないか
- ☐ 通路が作業場所と区別されているか、仕切りの白線などが消えていないか

※通路上の荷物は
転倒の原因

□ 工具は用途別、サイズ別に保管されているか、表示は見やすいか

□ よく使うものは、取り出しやすい場所に置かれているか

□ 荷崩れしないよう、安定した積み方をしているか

□ 転がりやすいものに「かませ」をしてあるか

□ 高いところに置かれたものは振動、衝撃で落ちない工夫がしてあるか

□ 廃品は区分され、決められた場所に廃棄されているか

□ 台車などの運搬器具を、保管場所以外に置きっ放しにしていないか

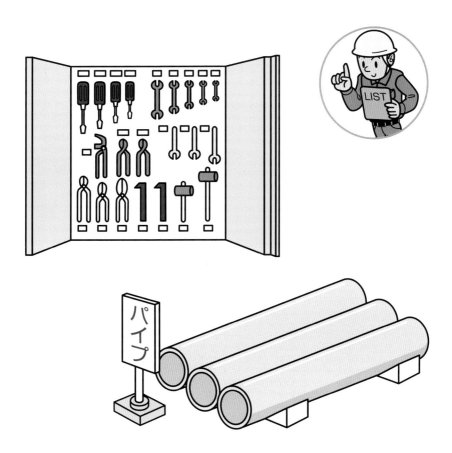

## ✓ 取り除こう　転落の危険

# ➡ 脚立・はしご

毎年多くの人が仕事中の転落により大ケガを負ったり命を失っています。
高いところの物を取る、修理する、こんな作業でよく使われるのが脚立や
はしごです。
転落災害の芽を摘み取るために、これらの器具の状態や使用方法をしっかり
とチェックしましょう。

### 「脚立」のチェック項目例

- ☐ ガタつき、曲がり、破損はないか
- ☐ 折りたたみ式の物は開き止めをかけて作業しているか
- ☐ 脚と床面との角度は 75 度程度になっているか
- ☐ 体と荷とを正対させて作業しているか

- □ ガタつき、曲がり、破損はないか
- □ 立てかける角度は 75 度程度になっているか
- □ 突き出し部分は 60 センチ以上あるか
- □ はしごの下部に、滑り止めを備えているか
- □ 人の通行の多い場所で作業するときに「作業中」などの表示を掲げているか
- □ はしごを立てている地面、床面は安定しているか
- □ はしごを背にして降りていないか

突き出し部分は
60 センチ以上

75度程度

作業中

# ✓ 疲労、肩こりの原因を探せ

# ➡ 作業方法

目が疲れる、肩がこる、以前より疲れが残るようになった …。作業者からこんな声が聞かれたら、その原因は作業方法にあるのかもしれません。また、いすや作業台の高さなどの設備面も、疲労と関係しています。
パトロールの際には、働く人が必要以上に体に負担をかけていないか、こんな観点からも職場を観察してみましょう。

## 「パソコン作業」のチェック項目例

- ☐ モニター画面は汚れていないか
- ☐ 画面への外光の映り込みはないか
- ☐ 機器の周りは片付いているか
- ☐ 足裏全体が床についているか
- ☐ 画面と原稿の高さは同じ程度か
- ☐ 画面の上端は、目よりやや下の位置にあるか
- ☐ 目から画面までの距離は 40 センチ以上か
- ☐ イスに深く腰掛け、背もたれに背をあてているか
- ☐ 休憩時間が適切に取られているか

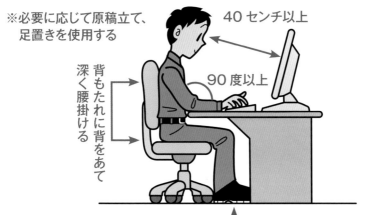

※必要に応じて原稿立て、足置きを使用する

40 センチ以上

90 度以上

背もたれに背をあてて深く腰掛ける

足裏全体が床に接する

## 「立ち作業」のチェック項目例

- ☐ 作業台が高すぎて、体を伸ばして作業していないか
- ☐ 作業台が低すぎて、かがんで作業していないか
- ☐ 体の一部分に極端に負担をかけて材料などを取り出していないか
- ☐ 立ったり座ったりを繰り返すような作業をしていないか

## 「座り作業」のチェック項目例

- ☐ いすと作業台（デスク）は背筋を伸ばして作業できる高さか
- ☐ 体をひねったりするなど、不自然な姿勢で作業していないか
- ☐ 作業台（デスク）に顔を近づけすぎていないか

# ➡ 照明・換気

仕事を進めていくためには、適切な照明、換気が欠かせません。
暗過ぎないか、換気は十分か、しっかり見て回りましょう。
照明、換気の設備そのものだけでなく、それらが有効に使われているかも
確認しましょう。

### 「採光・照明」のチェック項目例

- ☐ 窓ガラスや蛍光灯、電球は、汚れていないか
- ☐ 蛍光灯が切れかけて点滅していないか
- ☐ 日光や照明器具の光が直接目に入ることはないか
- ☐ 光源の近くに物が置かれていないか
- ☐ 資材や書類、作業者の手などにより、作業面が暗くなっていないか

### 「換気」のチェック項目例

- ☐ 換気装置の吸込口や吹出口の前に物が置かれていないか
- ☐ 換気扇は汚れていないか
- ☐ ときどき窓やドアを開けて換気を心がけているか

# パトロール結果を役立てる

パトロールがすんだら、それによって得られた結果を、設備や作業方法の改善に結びつけることが必要です。

一般的に次の順序で改善は行われます。

**①パトロール実施者が、結果を上司などに報告**

**②現場責任者、生産技術者など関係者による検討の上、改善策を立案**

**③改善策の実施**

**④事業場トップなどによる改善状況の確認**

**⑤パトロールでの再チェック**

● パトロール結果を上司に報告する際には‥

　・なぜそのような状態になったか、なぜ今まで放置されてきたのかという根本的な原因についての意見も合わせて報告。

　・必要なら再度現場に行って必要な情報を集める。

● 改善策の協議に出席したら、どのような改善が必要か積極的に意見を述べる。

● 改善が実施されたら、次にパトロールするときに、それが維持されているかチェックすることを忘れずに。また、維持されていなかったとき、単に同一策を再度実施するのではなく、より良い改善策を立案・実施する。

**すぐに実践シリーズ**

## こうして進める！ 安全衛生パトロール

| | | |
|---|---|---|
| 平成 23 年 1 月 24 日 | 第 1 版第 1 刷 | |
| 令和 5 年 12 月 18 日 | 第 5 刷 | |

編　　者　中央労働災害防止協会

発 行 者　平山　剛

発 行 所　中央労働災害防止協会
　　　　　〒108-0023　東京都港区芝浦 3 丁目 17 番 12 号 吾妻ビル 9 階
　　　　　TEL ＜販売＞　03-3452-6401
　　　　　TEL ＜編集＞　03-3452-6209
　　　　　ホームページ　https://www.jisha.or.jp/

印　　刷　㈱丸井工文社

イラスト　㈱太平社

デザイン　㈱太平社

ⓒ JISHA2011　24074-0105
定価 275 円（本体 250 円＋税 10%）
ISBN978-4-8059-1341-3　C3060　¥250E